多治見市の総合計画に基づく政策実行

首長の政策の進め方―

西寺　雅也

地方自治土曜講座ブックレットNo．98

病魔と敢然とたたかい逝った畏友石田和郎君に捧ぐ

はじめに

岐阜県の多治見市長をしている西寺雅也です。私に与えられたテーマは「多治見市の政策策定と政策実行　マニフェスト公表をめぐって」というものです。最初に多治見市が取り組んでいる総合計画に基づく行政運営についてお話をし、地方自治体の総合計画についてひとつのあり方を提示したいと考えています。その上で２００３年の多治見市長選挙で、私が公表した「マニフェスト」についてお話しする、そして総合計画とマニフェストの関係について私の考え方を示したいと思っています。

総合計画とマニフェストの関係はまだ十分に整理されているとはいえませんが、多治見市の総合計画の仕組みが、首長の「マニフェスト」とはどういうものでなければならないのかを考えさせ、作成、公表の意味をきわめて明快に示したといえるのではないかと思っています。

多治見市というのは名古屋からJR中央線で松本の方、東北の方向ですが、30分程行った岐阜県と愛知県の県境にある市です。昔から陶磁器を焼き続けてきたまちですが、今でも食器類でいいますと、国内の50%から60%のシェアを持っている、世界にも例のないほど大きな産地です。その陶磁器産業を地場産業としてきましたが、70年代後半から90年代の前半にかけて名古屋市のベッドタウンとして開発が進み、現在人口10万6千人の市になっています。地場産業のまちであるとともに、大都市のベッドタウンという2つの性格を持ち合わせたまちです。

政治的なことをいえば、岐阜県自体がとても自民党の強い地域で、小選挙区選挙が始まってから、5区ある小選挙区をずっと自民党が独占しています。いまだ、自民党以外の衆議院の議員がひとりもいない、こんな県も全国探しても珍しいのではないかと思います。ただ、県下で多治見市だけが事情が異なっていて、自民党と民主党（旧社会党時代から）の勢力が拮抗していて、国政選挙になると民主党の票数が多いことも度々です。多治見市ではその時々の新聞の論調どおりに票がでるまちともいえます。

そんな中で私は長い間、5期にわたり市会議員をつとめてきました。そして、1995年の市長選挙で、5期目をめざした当時の市長と戦い、わずかの差ではありましたが、勝利しました。現在3期目を迎えています。

私は市議会議員時代も市長になってからもずっと無党派を通してきておりますので、市長選挙も組織なしで戦いました。そういうことなので、立候補表明した時の情勢はといえば1対9とか2対8だとかいわれ、「よく立候補した」ということだけが評価されるというありさまでした。

その選挙の際に、私は「多治見を変える」というスローガンを掲げました。当時、多治見市は政治的にとても停滞しており、市の施策は硬直化し、一部の人たちにいいように牛耳られているという状態でした。職員たちの中にも閉塞感が漂っていて、なんとかしてほしいという職員の気持ちは痛いほど感じていました。役所内の多くの情報が伝わってきましたから、状況は手に取るように分かっていました。

私には「こんなことをしていたら、多治見がだめになってしまう」という危機感がありました。その危機感を「多治見を変える」というスローガンに凝縮させることができたと今でも思っています。市政に対する市民の気持ちを的確に表現することができたのではないかと思っています。「多治見を変える」というスローガンを実行するためには、当時多治見市が全く取組んでいなかった「市民参加」、「情報公開」をまず実現しなければならないと考え、それを訴えました。

組織ゼロの選挙ではありましたが、市議時代からの支持者、同級生、市民運動を行っている人たちで始めた活動がどんどん広がり、ついに勝利するところまでたどりつくことができました。

今日まで、「多治見を変える」という思いを持ち続けて、仕事に臨もうという意思は貫いていると確信しています。

そんな中で市長になった私が最初に直面したのは、危機的な多治見市の財政状況という現実でした。そしてこの問題の解決への道のりが、総合計画を基本とした計画行政のスタートとなりました。

I

『財政緊急事態宣言』

「計画行政」の役所に

長い間、市会議員をやっていて、いつも「財政」が中心になって政策を決めていってしまうそれまでの役所のあり方を、「企画」が中心になって総合計画に基づいて政策を行っていく「計画行政」の役所に変えていかなければいけないと感じていました。

また、皆さん方の中に財政担当者がおられたら、次のようなことに心あたりがあるのではないかと思います。

議会で、予算について質問をしますと、「本年度の予算は、このような特殊要因があってこういう形の予算ができました」という答弁をします。理由は地方財政計画にあったり、市の施設建設が原因だったりするわけです。次の年も質問をしますと、次の年は次の年で「今年はまた、こういう特殊要因があってこういう形の予算ができました」というように、毎年、その年、その年の特別な要因で予算が編成されているという答弁をします。どうも財政の担当者の癖といいますか、役所というのはそういうふうにして説明するものだということがだんだん分かってきました。

議員の最後の年に、財政問題を考えるためにいろんな財政指標をグラフ化してみようと思い、役所は作ってくれませんので、自分でグラフを作りました。例えば、起債残高がどんどん増えているという実態があるにもかかわらず、財政の担当者は、今年はこういう施設を作るから借金が膨らんでいる、というように、個別のことで説明しようとする。しかし、それをグラフにしてみると、明らかに右肩上がりで、借金がどんどん増えていっている。

あるいは、別の指標をグラフにしてみても、明らかにある傾向を示しているということが分かってくる。その年度、年度の特殊な要因によってではなく、財政全体がそういう方向へ走って行っていて、要するに、破産、破滅の方へ走って行っているということが明らかになってきました。そこで、市長選挙に臨む際にも、「もう、多治見市の財政は破綻寸前である」ということを訴えて立候補しました。

市長になったのは１９９５年だったのですが、実際に当選してみまして、いくら何でも、まだいくらかは財政に余裕はあるだろうなと思っていました。ところが、1年半後の９６年秋に財政の担当者が私のところにやってきて、「多治見市にはもう金がありません。とても予算が組めるような状況にない」という報告をしました。その時、これは職員にも市民にも、みんなに危機感、緊張感を持ってもらうために『財政緊急事態宣言』を出さなければならないと考え、９６年の秋に『財政緊急事態宣言』を出したわけです。

補助金を一律一割カットする、職員の手当を見直すといった、直接みんなの利害に関わることをしなければならない、厳しい対応を迫られるということが予想されましたから、市の財政状況についての情報を市民にどれだけ的確に出していけるのかということが一つ大きなテーマになったわけです。

一方で、その『財政緊急事態宣言』を出したことがきっかけで、役所の中が動き始めた。今から考えるとこれが一つのターニングポイントだったのかなと思っています。大変厳しい状況にあるということで『宣言』を出したことから「西寺市政」は始まったといっても過言ではないと思っています。

私が市長になりたての1年6か月間は、部長以上の中に私の理解者はほとんどいませんでしたから、庁議を開いても、何か新しいことをやろうとしてもまことしやかな理由を付けて新しいことをやらないでおこうという雰囲気が漂う、そうしたことがしばらく続きました。その度に私はもう怒鳴り続けていたわけです。それでも一向に変わらない状況の中で、幾ら何でも次の選挙がありますので、私も焦りだしていたわけです。そういう中で『財政緊急事態宣言』を出したということがきっかけになって動き出した。私の市長生活の中で1つの大きなエポックメイキングなことだったと思っています。

3年間言い続ければ変わる

ひとつの課題に縦割り行政の枠を越えて全庁的に取組まなければならないということがあるわけですが、当時全庁あげてひとつのことを目指すという習慣というか、役所の文化が市役所にはありませんでした。全庁的に取組む課題として最初に提起したのは、「バリアフリーのまちづくり」でした。「バリアフリー」という言葉は当時まだあまり使われていませんでしたが、それを全庁の共通の課題にしていこうとみんなに提案したのです。

市役所の職員がバリアフリーという言葉すら知らないということがありましたので、バリアフリーの意味を説明しました。そうすれば「じゃあ、やりましょう」というふうになると思ったのですが、そうではなくて、「バリアフリーというのは福祉政策であるから福祉担当者がやればいい」という反応が返ってきて、一向に全庁的に取り組んでいこうという方向にはいきそうにもない。当時の担当者とどういう仕組みを作ったらみんなが動いてくれるかを散々議論しました。

しかしながら、この時の経験を通して、「3年間言い続ければ人の意識も変わる」ということが分かってきました。そのことが当たり前のことになっていくと確信しました。

最初は全く動かなかった職員たちも、私が3年間、バリアフリー、バリアフリーと言い続けたことで、3年後には、バリアフリーというのは当たり前になった。文化が変わったと言ってもいいのかもしれません。バリアフリーは多治見市役所にとっては当たり前のことになりました。

今ではバリアフリーでいいますと、例えば中心市街地の活性化事業の中で経産省の補助金をもらってバリアフリーの道路づくりをやっています。この事業の担当は農林商工課ですが、もうバリアフリーをやることは当たり前という意識で動くようになっています。

今は、「緑のボリュームアップ作戦」というのをやっています。いろんな施設を作る時に、「緑を増やそう」、「緑に配慮しよう」というものです。あるいは東海豪雨の時に多治見でも大変な被害がでたため、治水が大きな課題となり、施設をつくる時などに必ず対策を講じることにしていますが、それも全庁に共通のチェックシートを作って下水道担当がチェックして管理する方法を採っています。

あるいは「市民参加」もそうです。「市民参加、市民参加」と言い続けて3年経つとだいたい定着するということが分ってきました。ただし、3年間「根負け」をしないで言い続けなければいけない。その間には激怒しなくてはいけないようなことが何度もあるわけですが、少なくともそういうふうに同じことを言い続ける「忍耐力」と「努力」が必要なのです。そして、このことについてはしっかりとやらないと市長が怒りだすということを分からせることが、まず必要なのだということが分かりました。私はこういうふうに役所の中が変わっていくということには極めて楽天的に考えています。

いろんなシンポジウムに出ていますと、縦割り行政の壁をどうやって越えるのかということ自体がテーマになってしまうようなことがままあるのですが、今では多治見市では縦割りの壁というのはないとはいえませんが、ぐーんと低くなっています（例えば、市によっては環境基本計画は環境担当課が、緑の基本計画は都市計画担当が担当者の連携もなくまったく別個に作ってなんとも思わないようなところもあるようです）。

そのように、首長としてやらなければならないと思っている一つ一つの事柄を全庁的にやっていこうと思えば、やはり逃げることなく言い続けるのが首長の大きな役割なのだと思っています。

Ⅱ　多治見市第5次総合計画の構成

1　基本構想・基本計画（実施計画と展望計画）

さて、総合計画の話に入りますが、現在の「多治見市第5次総合計画」は、とてもシンプルなものです。

その前の「第4次・総合計画」はＡ４版で、「第5次」の3倍ぐらいの厚さの立派な本でした。きっと、皆さんのところの「総合計画」も立派なものだろうと思います。

ところが今回作った「総合計画」はＢ５版１７０ページのいたってシンプルなものです。後半の部分は資料ですので、実際には１２０ページしかありません。そうできたのは実行可能なことを簡略に淡々と記述することに徹したからです。

まず、４次総の総括をするという意味とそのときの新たな課題をまとめ、それをみんなで情報共有できるように「討議課題集」を作り、それに基づいて議論をはじめるというところから出発しました。

「基本構想」も文章としては短いものですし、「基本計画」は樹形図としてまとめてあります。これをみれば施策の体系がみえる形にしてあります。（表Ⅰ）

まず、「めざすべき将来像」を「２１世紀　市民の鼓動がひびくまち　多治見」とし、これを実現するために５つの視点というものを掲げています。その視点毎に施策を整理し、展開するという構成になっています。ですから、計画を作る時に役所がよくやるように部や課ごとに、縦割り型に施策を集めるというやり方をしていません。

例えば「賑わいや活力を作り出すまちづくり」という一つの視点をまず決める。その視点の下に、樹形図的に施策が掲げられています。この場合、４本の柱を立てて、その柱毎に小分類があり、それがまた４本あるのですが、その小分類ごとにまた２つから４つぐらいの小さな柱があって、そこに具体的な施策が書いてあるという作り方です。

３９ページの図Ⅱに「第5次・総合計画」の見直しスケジュールがありますが、これで見ていただくと分かるように、「5次総」の基本計画は前半5年の「実施計画」と後半5年間の「展望計画」とに分けてあります。

表Ⅰ　5次総　視点別の体系

賑わいや活力を創り出すまちづくり

- 人をひきつける街なみをつくります…36
  - 多治見らしさを感じられる景観を形成します……36
    - 景観形成基本計画を適正に運用します……36
    - 市民と景観の情報を共有します……36
  - 地域の個性を重視した土地利用を推進します……37
    - 土地区画整理事業の推進と支援をします……37
    - 地区の個性を創出する土地利用を促します……37
- 活気がある中心市街地をつくります…38
  - 安心して歩ける道づくりを進めます……38
    - 中心市街地を回遊できる自転車歩行者道のネットワークを確立します…38
    - 歩道のバリアフリー化を進めます……38
  - 暮らしやすい生活の場を整備します……39
    - 公共空間での緑化を進め、公園やポケットパークを整備します……39
    - 良質な住宅を確保します……39
    - 電線類の地中化を進めます……39
    - 市民の憩いの場として土岐川を活用します……40
  - 商業機能の活性化と集積を図ります……40
    - 商業機能の充実を促します……40
    - 陶磁器の小売機能を集積します……40
  - 多治見駅北地区を新たな都市拠点地区として整備します……41
    - 多治見駅北土地区画整理事業を進めます……41
    - 多治見駅南北連絡通路を整備（多治見駅舎の橋上化）します……41
    - 多目的広場を整備します……41
- 人が快適に移動できる交通体系をつくります……41
  - 円滑な自動車交通を誘導する基盤整備をします……42
    - 中心市街地へ結ぶ幹線道路を整備します……42
    - 中心市街地の外郭となる内環状機能を有する道路を整備します……42
    - 市街地に通過交通を入れない外環状機能を有する道路を整備します……43
    - 他都市との連携を強化する道路を整備します……43
    - 駐車場整備に関する方針を定めます……44
    - 案内システムを構築します……44
  - 公共交通機関の利用向上を図ります……44
    - バス交通の充実を促します……45
    - 自動車交通量の削減を図ります……45
- まちに活力を生み出す産業を振興します……45
  - 「やきもの」文化を利用した産業おこしを図ります…46
    - 意匠研究所の人材育成機能や研究開発機能を充実させます……46
    - 「やきもの」に関する情報発信を行います……46
    - 陶産地での小売機能を充実させます……46
    - 「やきもの」文化を体現する場を整備し、観光資源として利用します…46
  - 起業家の育成と企業進出支援を進めます……47
    - 次世代を担う産業構造を検討します……47
    - 新しい分野の起業家に対して創業支援制度を確立します……47
    - 企業進出を促す優遇措置制度の活用を図ります……47
    - フロンティア・リサーチパークの活用を図ります……47
  - 観光化を進め、ビジターズ産業おこしを進めます……48
    - 観光ビジョンの策定をします……48
    - オリベストリート構想を進めます……48
    - 観光資源を活用しネットワーク化します……48
    - 観光のPRを強化します……48
    - まつり、イベントの活性化を図ります……49

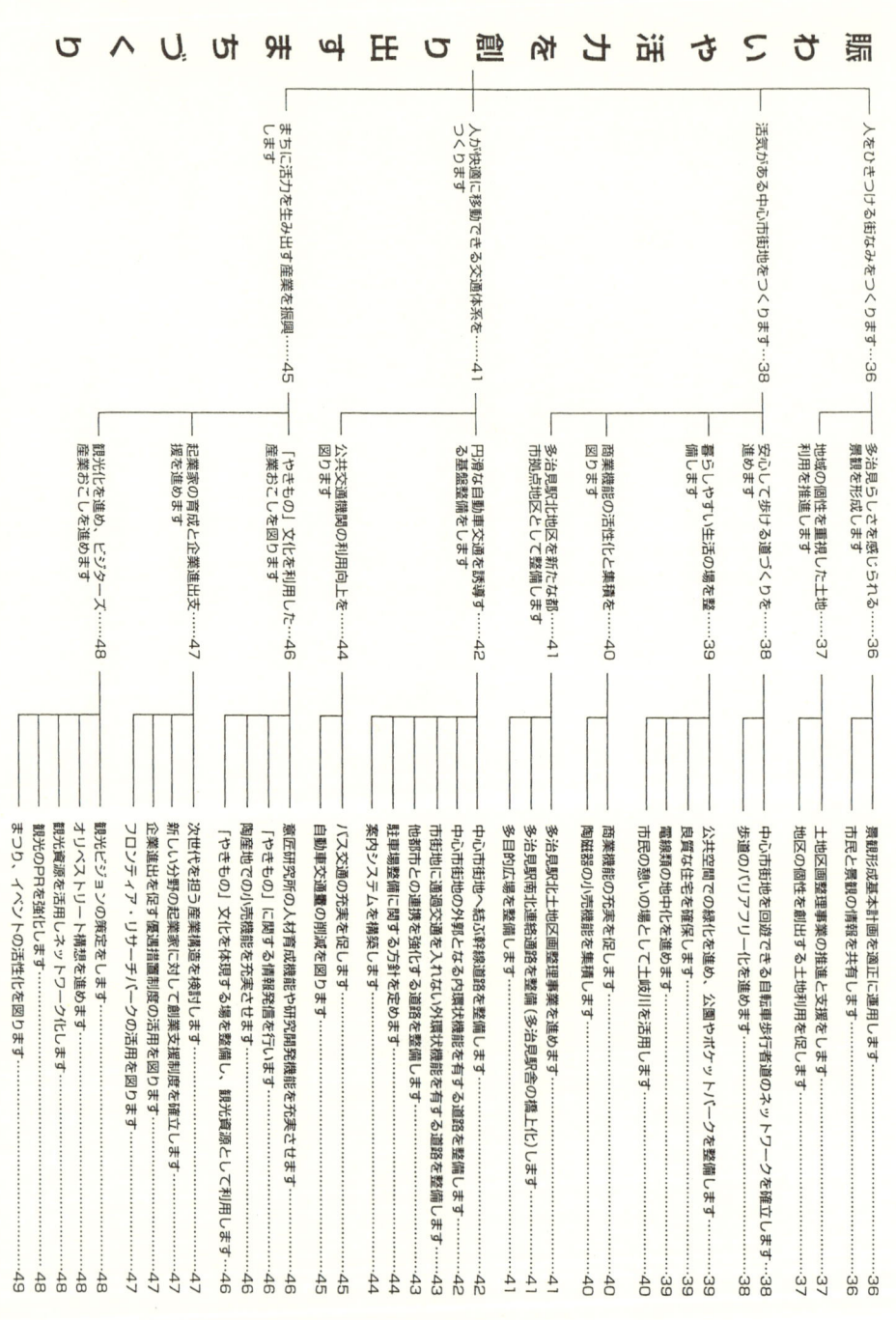

「実施計画」というのは、前半の5年、「基本計画」の中の実際に実施をしていこうとする施策で構成された計画という意味です。後半の5年はまだ確定をしたわけではないが、これを将来取り組まなければならないだろうという、文字通り「展望計画」というふうに分けて、前期後期を現わしています。展望計画を実施計画にするかどうかは後期計画を作る時に決めていくことにしています。

したがって、「実施計画」というのは普通自治体で使っている「基本計画」の下の段階である「実施計画」という意味ではなくて、現実に「施策化する」という意味での「実施計画」です。皆さんのところで「実施計画」と言っているのは、多治見市では「実行計画」という名前で呼んでいます。その用語の使い方がちょっと違いますので、注意していただきたいと思います。

例えば、基本計画の中に「違法看板の撤去を含め屋外広告物に関する適正な指導を行います」というのは、「実施計画」だと書いてあります。必ずその下に、担当する課も書いてあります。関連する課がある場合には関連する課も書きこんであるわけですが、全部実施する課の名前を書きこんだ「基本計画」が作ってあります。

「総合計画」はお飾りみたいなもの、夢物語が書いてあるものだと思っている方も多いと思いますが、多治見市の計画はそういうつくり方をしておりません。このように極めてシンプルな計画なのですが、本当に実行することしか書いてありません。そういうふうに非常に簡単な冊子として「基本構想」、「基本計画」を含めて「総合計画」という冊子ができ上がっているのです。

2　実行計画の全事業を一枚のシートに

基本計画の下の「実行計画」は、それぞれ毎年見直しています。

実際に多治見市が進行管理に使っている実行計画シート（表Ⅱ）は、上に表題として『第5次多治見市総合計画　基本計画に基づく実行計画』と書いてあります。

この「実行計画」は施策一本一本を一枚づつのシートにして分かりやすくするという工夫がしてあります。これは多治見市のホームページを見ていただきますと、419枚全部公表してありますが、すべてこういうシートで一つ一つの施策を管理しています。

この実行計画のシートに何が書いてあるかというと、左肩に「事業名」、右肩に「担当課」、「関連課」、が書いてあります。それから「指標」が書かれていて、「目標値」等も書かれている。そ

表Ⅱ　実行計画シート

第５次多治見市総合計画基本計画に基づく実行計画

平成14年度実行計画

code・視点　31123 だれもが暮らしやすいまちづくり

5次総項目　命や財産が災害から守られるまちにします
災害情報の共有を進め安全を確保します
情報機器を活用し、迅速な防災情報の提供を行います

事業名　ケーブルテレビやコミュニティ放送を利用して緊急防災放送を行い、迅速な災害情報を提供します。

指標　緊急防災放送数／災害情報提供数

目標値　1

市民参加

担当課　企画課

関連課　消防本部、市民情報課

施工場所

実施／展望　実施計画

ハード/ソフト　ソフト

見直し年度　平成 17 年度

事業期間　平成 13 年度～平成 17 年度

	全体計画		平成13年度		平成14年度		平成15年度		平成16年度		平成17年度	
	事業内容	事業費	事業内容	事業費	事業内容	事業費	事業内容	事業費	事業内容	事業費	事業内容	事業費
	FM放送を利用した緊急防災放送 CATVを利用した緊急防災放送 防災情報関係事業 （防災無線保守委託、防災無線整備、子局増設工事等） 異常気象監視事業	366,704	FM緊急放送の実施 CATV緊急放送の実施 防災無線保守点検 異常気象監視システム運用 リモートセンシングの構築 リモートセンシング構築	18,073	FM緊急放送の実施 CATVシステム緊急放送の実施 防災無線保守点検 防災無線操作卓デジタル化 異常気象監視システム運用	72,031	FM緊急放送の実施 CATV緊急放送の実施 防災無線保守点検 異常気象監視システム運用 デジタルマスト 30本	92,200	FM緊急放送の実施 CATV緊急放送の実施 防災無線保守点検 異常気象監視システム運用 デジタルマスト 30本	92,200	FM緊急放送の実施 CATV緊急放送の実施 防災無線保守点検 異常気象監視システム運用 デジタルマスト 30本 事業の見直し	92,200
財源内訳	国庫支出金	0		0		0		0		0		0
	県支出金	0		0		0		0		0		0
	市債	0		0		0		0		0		0
	その他	0		0		0		0		0		0
	一般財源	366,704		18,073		72,031		92,200		92,200		92,200
	変更履歴		特記事項 FM・CATVを活用し、緊急放送体制を整備。気象情報とリモートセンシングカメラ情報を連動し、HPで公開した。		特記事項 防災マストデジタル卓更新。今後マストのデジタル化については、整備方針を固める必要がある。		特記事項		特記事項		特記事項	
年度目標値												
達成度												
全体計画達成度												
事業進捗			継続		変更		継続		継続		継続	

311230103

企画部　　企画課

れから右側の方に「見直し年度」、「事業期間」も書かれています。

下の欄には、それぞれの年度の事業費、予算化の実績、それから、翌年度以降の予算をどうするのか、どれだけ予測されるのかが書かれています。計画の達成度というようなものも書いてある。このように「実行計画」は施策毎のシートに全部落としてあります。こういう形で「総合計画」が出来上がっているわけです。

そして、多治見市では「実行計画」に載っていない施策が予算化されることはありません。

例えば、最近もあった例ですが、企画課との打ち合わせの時に私が「男女共同参画条例」をつくりたいと言ったのですが、企画課の担当者に「それは実行計画に載っておりません」と、冷ややかに言われました。条例化が実行計画の中にはまだ位置づけられていないからです。

つまり市長である私が言っても「実行計画」を変えないと、その事業は事業化されないというルールになっています。

最近施策として「実行計画」に加えたものに地籍調査を始めるというのがあります。このように「実行計画」を作った時に予測されてなかったものを新たに行う必要が出てきた場合、事業化するためには定められた手続きを踏む必要があります。多治見市ではこの「実行計画」に新しい事務事業を載せようとする時には、庁議にまず諮る。そこで了承してもらわなければいけない。

それからもうひとつこの総合計画を評価していただいたり、意見をいただいたりするための「市民懇談会」がありますが、この市民による会議に諮ってそれを認めていただかないと実行計画には載せないというルールにしてあります。

なぜそうしたかと言いますと、これは私の議員時代からの思いもあるわけですが、総合計画が機能しない、「計画行政」を壊す、その第一の原因は首長のわがままだと考えているからです。皆さんもよくご存じだろうと思うのですが、首長が、突然妙なことを言い出すことがある。典型的なのは選挙が迫ってきますと、ここで一つ何かつくらないとまずい、あるいは、こういう制度をつくってどこかの支援母体にお金が出せるようにしないと票が集まらないというようなことがあるわけです。

選挙の直前に厳しい選挙だから何かうまいことはないかなどと考えてしまうわけです。首長の心理としてはよく分かりますが、私は何も変えませんでした。そういうふうに、この「実行計画」を首長の恣意的な判断、あるいは行政の恣意的な判断で勝手に変えることを止めなければいけない。これが一つ大きな問題です。

また、どこかからか圧力がかかって突然事業が実施されてしまうというようなことがよくあったということ、これも計画行政を壊してしまう要因です。

「計画行政」をやっていくためにはそういう恣意的な政策選択、施策選択を止めなければいけない。「実行計画」を管理するために、市民のチェックを受けないと変えることができないという制度にしてあります。従って、この「実行計画」に載ってないものは基本的に予算を付けないということになっています。

もちろん逆に「実行計画」に載っていてもその年度に施策化できない場合も起こってきます。2004年度の予算編成を今行っていますが、この「実行計画」に基づいて各部の概算要求が出されてきて、それを集計したら大幅に財源が不足してしまうということが起きました。45億円くらいオーバーしてしまいました。それではこれをどうやって予算に収めていくのかということで、これも今週作業をやったばかりですが、5千万円以上の事業の一覧表を作り、これを財政課と企画課両課で、まずどの事業を実施するのか、ローリングするかを検討しました。もともと優先順位は付けてあるのですが、それは各部内での優先順位ですから、役所全体としての優先順位を見ながら、関係する部と三役とでオープンに議論をして、予算化するもの、削るものを選択するというか、先送りをするものは先送りをするという決定をしました。経費がオーバーした時にはそういう形でやる、というルールがちょうど今週できたわけです。そのような方法で今予算の中へ何とか「総合計画」の事業を落とし込んでいくことができるようになりました。

3　財政主導から企画（総合計画）主導の予算編成

今度は、図Iを見てください。「予算編成における性質別経費」とあります。これは多治見市独自で作った支出予算を区別する時の名前ですが、左から「総合計画経費」、それから「確定経費」、「通常経費」、「臨時経費」という4つに分類してあります。「総合計画経費」は財政課が予算を担当しません。企画課が中心になってこの予算編成をするという形にしてあります。

「確定経費」と「通常経費」「臨時経費」については財政課で予算化する。もちろん財政課と企画課の間は常に密接な関係を持ってやるということにはなっていますが、そういうふうに財政課が予算を担当する部分と企画課が予算を担当するところと二本立てになっています。

図Ⅰ　予算編成における性質別経費

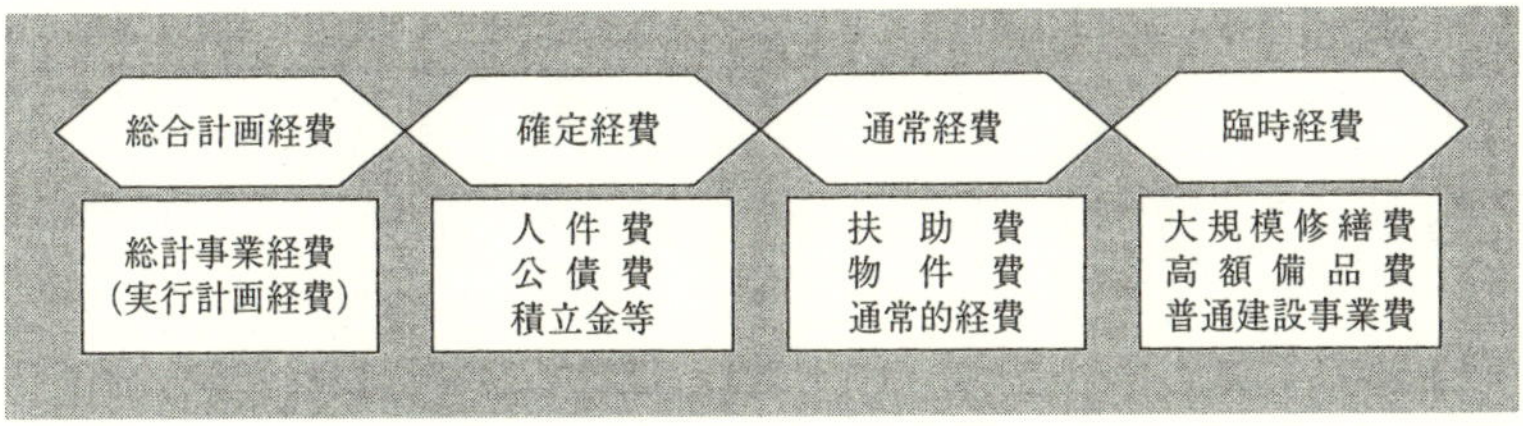

なぜこんなことをしたかと言いますと、どこの役所も、国もそうですが、財政担当が圧倒的な力を持っていて、財政主導という傾向が強く、財政担当が予算査定の中でいろんな施策を選択して、予算を編成するというのが通常の自治体の姿だろうと思うのです。多治見市でもついこの間までは、結果的にではありますが、財政課が政策の選択までしてしまう。事業の取捨選択を財政課が行っていたということです。極端な場合は、市長が指示したことまで予算を付けないというようなことが起こっていました。

財政が非常に力を持ってしまっているということは、逆にいえば各部とか各課が責任を全く負わなくてもいいシステムだったということです。担当課の窓口で市民に対して、例えば、「この補助金を切りました」という時に、なぜ切ったかという説明が要らないんです。「財政課が切りました」と言えばそれで説明終わりという話なのですね。「悪者は財政課だ」、

「財政課が悪いんだ」、あるいは「市長が悪いからこの経費は切られてしまいました、予算がありませんから何もできません」と言って市民に説明するという無責任なことが横行していたわけです。現場はそういう意味では甘えがあって、財政課に依存しているにもかかわらず財政課の責任にして自分達の責任を逃れる。財政課に対して自分達が本当に説得してこれが必要だからこの経費がいるんだ、というふうに説得したかどうかということは市民には何も言いません。ですから非常に無責任な体制が出来上がっていたわけです。

一方で、財政課は、総合計画や個別分野の計画に基づく施策選択ということではなく、どうしても予算額で施策をみてしまうということがあり、多治見市にとって、今何が必要なのかという視点からのオープンな議論をした上で施策選択をするということがなかったわけです。どうしても査定する側が優位な立場に立ってしまうというのは否めない事実です。

そういうことをなくして、きちんと政策に優先順位を付けて、しかも計画に関することについては企画課で予算を担当するというように全庁的な合意ができて、そういう意味ではすっきりしたわけです。しかし、逆に、計画に基づいて概算要求で出されたものを今のように財源が足らない時はどうするのかというと、事業を削減する、財源を見直す、基金を取り崩す、起債をどれだけにするかなど、財源の手当を協議した上で、各部に枠配分することになります。

次に本格的に予算を作るためにまた各部課から予算要求が出されるわけですが、その時は既に枠配分されたお金の中でどの施策、どの事業を選ぶかは各部や課がやらなければいけない。そういう形でそれぞれの現場が責任を持って自分たちで予算を獲得するということを始めました。今は、説明責任はあくまでも部や課にあるという形で予算が作っていけるようになってきた。多治見市はそのように変わってきました。財政についても分権化を図ったということです。

最近、部を独立採算的な事業部にして分権化しようというところがあるようですが、そうすることが、それでなくても縦割り志向の強い役所で全庁的な情報の共有や総合的な行政運営が可能になるのかどうかいささか疑問です。おそらく部と部の垣根が高くなり、部だけの利害で動く方向に向かうのではないかと思いますが、いかがでしょうか。

4　実行計画の見直しは2段階で

政策形成ヒアリング　　各課に対して財政課・企画課・環境課から

先程「実行計画」というのは一枚一枚のシートになっていると言いましたが、実行計画の見直し作業の一環として、多治見市では毎年「政策形成ヒアリング」を行っています。これは財政課と企画課と環境課の3課が共同で一つ一つの施策を来年度どうするかというヒアリングを行い、それで、翌年度の「実行計画」の素案を作るわけです。

その結果を踏まえて、全課に対して「市長ヒアリング」を毎年行っています。これは課長（各部長、部の調整担当課長も同席）と議論しますが、そういう過程を経て「実行計画」が確定するという手続きにしてあります。

ちょっと話が逸れますが、毎年この財政課と企画課がヒアリングすることはどこでも同じかもしれませんが、多治見市の場合、環境課がこれに加わっています。実はこのことでものすごく高い評価を得ていまして、ＮＰＯが一昨年から始めた「環境首都コンテスト」で、多治見市が人口１０万から３０万までの都市で第1位になりました。全体でも8位という成績でした。（第3回の今年、全体でも1位になりました）

なぜ評価されたかというと、政策を形成する過程で、環境課が環境の側面から全庁の施策をチェックするシステムを作っていたからです。環境課が全体の環境施策をチェックしているところはあるかもしれませんが、おそらく全庁的にルール化しているところはあまりないだろうと思っています。多治見市の場合はこの「政策形成ヒアリング」つまり「実行計画」を作る段階で環境の側面からもチェックをするということをやっている、これがひとつ大きな目玉になっているわけです。

市長ヒアリング　全課長へ

そういうことで「実行計画」の見直しを毎年やっていくわけですが、今説明した「市長ヒアリング」で「実行計画」は確定します。一方で多治見市は、「実行計画」「行政改革大綱」、「ISO14001」「市長指示事項」などに基づいて部や課の組織目標を作り、これを基に職員一人一人が個人の目標を立てて、その結果を評価して勤務評定を行うという「目標管理制度」を導入していますので、これもひっくるめて「市長ヒアリング」を毎年行うというシステムになっています。（ちなみに組織目標を作りやすくすることと全庁的に情報を共有するために「施策マトリックス」という表を作ってそれぞれの部や課が行わなければならない課題の一覧表を毎年作っています。）

これが、「市長ヒアリング調査票」（表Ⅲ）で「市長ヒアリング」のために各課から企画課に提出されるシートです。それが市長ヒアリングを行うとき私に渡されるわけです。

「目標管理制度」の「組織目標」についてその項目が調査票の左の欄に書かれています。表Ⅳは、例としてあげた文化と人権の課という課の組織目標なのですが、5項目掲げてあります。それぞれが今どんなふうになっているのかが右の欄に書かれています。

もちろん「実行計画シート」も横に置きながら、シートに基づいて説明を受け、それで市長ヒアリングを行っています。

表Ⅲ　市長ヒアリング調査票

平成15年度市長ヒアリング調査票

部名：企画部　課名：文化と人権の課

1　組織目標

組織目標	現　状（箇条書きで簡単にご記入ください）	備　考
子どもの権利条例の制定と施策の推進	○ ・条例は、9月上程の予定で準備を進めている。 ・子ども権利条約のﾘｰﾌﾚｯﾄを子どもたちに配布 ・子どもスタッフを中心に子どもサロンを毎月第4日曜日に開催。 ・川崎で開催されるシンポジウムに実行委員として参画。2つの分科会で報告の予定。	
男女共同参画社会実現のための施策の推進	○ ・推進委員会において、各事業の検証方法、ｾｸﾊﾗｶﾞｲﾄﾞﾗｲﾝなどを検討 ・条例について、推進委員会でも勉強をし、多治見市としての基本的な姿勢を考える。 ・情報誌の配布先を拡大（TYK、JR、中電、東信、十六、東鉄など）	
国際化諸施策の推進	○ ・7/28～8/7　テラホート市の中学生を受け入れ ・各市の国際化事業や計画を調査中（65市） ・相談窓口のためのアンケートを作成中（英語・中国語・ポルトガル語） ・フレンツブルグ青少年ジャズバンドを10月8～13日の受け入れ協議をすすめている	
文化・まちづくり活動の推進と支援	○ ・フォーラムの企画検討及び当日の体制づくりを進めている ・まちづくり活動支援公開審査会（6/28)5団体 ・子供向け情報誌（季刊で発行）直接子どもに渡している ・夏まつり(7/27)の開催、駐車場等の課題もあったが大きなﾄﾗﾌﾞﾙもなかった	
文化・人権施策の庁内体制の確立	○ 人権について、生涯学習課と業務内容を確認中	

2　マニフェスト

具体的事業	総計コード	4年間の目標	現状	今後の対策
★男女共同参画条例の制定・子どもの権利条例の制定 共同参画条例制定。子どもの権利条例の制定。	411110105	子どもの権利条例、15年度制定。	9月議会上程、16年1月施行を目指す	擁護委員、相談調査員の選考
★男女共同参画条例の制定・子どもの権利条例の制定 男女共同参画に向けたｾﾐﾅｰ・ｻﾛﾝの開催。	441110105	共同参画条例、16年度制定。	16年度条例を目指し、資料の収集 推進委員会で基本法や他市の条例について学習会を開催	条例の必要性の普及
★NPO、ボランティア活動支援策を充実する まちづくり市民活動支援。	522240105	市民活動支援10団体程度／年。	15年度　5団体　1,415千円	要綱の見直し（NPO的なボランティア活動支援）
★国際化、国際交流施策を充実する。 国際化推進計画を策定し、施策の充実を図っていく。	532110105	テラホートとの相互派遣（隔年で派遣）。 日本語講座、国際講演会年1回以上開催。	7/28～8/7　テラホート中学生10人引率4人 日本語講座　3回/月 講演会　8/231回目を予定	AETの交流方法

表Ⅳ　平成15年度組織目標管理シート

別記第1号様式

目標設定：平成１５年４月２２日
評　　価：平成１６年１月　　日

平成15年度組織目標管理シート

所属名　文化と人権の課

作成者

組織目標				
	標題	実施する業務内容	評価と今後の予定	
1	子どもの権利条例の制定と諸施策の推進 平成15年9月に条例制定を目指すとともに、子どもの権利に関する広報や子どもたちの活動を支援していく	1　子どもの権利条例について政策法務委員会や関連部課等との調整を行い、早期制定を目指す。また条例に沿った体制づくりのための整備を進める。 2　子ども権利検討委員会を開催して、子どもの権利の推進について協議し、実施していく。 3　子どもの権利フォーラム・セミナーを5回開催する。特に地域への啓発のために公民館等との連携を行う。 4　子ども会議、子どもスタッフ会議、子どもサロンなどを子どもたち自身で企画・活動していけるよう支援し、スタッフ会議は月1回の開催を目指す。 5「地方自治と子ども施策」全国自治体シンポジウム2003に積極的に参画し、多治見市の施策を情報発信する。 6　教育・福祉などの子ども関連機関との連携が図れるように体制づくりを行う。 7　子どもの権利について啓発・広報を推進する。		達成度
2	男女共同参画社会実現のための施策の推進 見直しプランに沿った新たな施策の実施と検証等についての研究	1　男女共同参画を推進するため、各地域でのセミナーやフォーラムを開催する。特にモデル地域においては、地域と共同で計画づくりを行って進める。 2　セクハラ防止対策の充実としてセクハラガイドラインを作成する。 3　男女共同参画プランの進捗状況の把握やその成果の評価方法について検討する。 4　男女共同参画条例について、先進地事例の状況を調査するなど研究する。 5　男女共同参画サロン『ほっと』の利用者拡大など充実を図る。また、市民への啓発活動として情報紙を年4回発行するとともに、配布先を検討する。 6　女性団体・新世代座談会等を開催していくなかで、男性も参加できる場づくりをする。		達成度
3	国際化諸施策の推進 国際交流協会としての事業展開と共同による事業展開や市民団体等による国際交流活動の協力・支援	1　テラホート市の中学生受け入れのため、実行委員会を立ち上げ、市民との国際交流を図る。さらに、訪問・受け入れの2年間の交流事業を報告書としてまとめる。 2　国際化計画について、先進地事例を参考にその策定方法等を研究し、策定に向けていく。 3　外国人のための相談窓口の設置のため、アンケートの実施など情報収集し、窓口の在り方を検討し、窓口の設置及びPRを行う。 4　国際交流協会として事業を企画し国際理解への活動を進めるとともに、定期的に会員への情報提供をするなどし会員の拡大を図る。また、国際交流に向けた各種の事業展開への協力・支援する。 5　フレンツブルグ青少年ジャズバンドの受け入れなど市民団体等による国際交流活動に協力支援する。		達成度
4	文化・まちづくり活動の推進と支援 文化のみえるまちづくりフォーラムの開催とチルドレンズミュージアムの推進及び市民活動団体への支援	1　第10回全国文化のみえるまちづくり政策研究フォーラムを実行委員会を立ち上げ開催する。 2　チルドレンズミュージアムの推進のため、ガイドブックを作成し、文化振興事業団・児童館・小中学校の一体的推進を図る。 3　市民による文化活動団体に対し支援していく方策を検討する。 4　市内各地で行われる文化・まちづくり事業を広く知らせていくため、情報紙を年4回発行する。 5　まちづくり活動の助成及び支援を行う。 6　市民と協働による多治見夏まつり「ござっせ」を開催するとともに次年度の計画作りを行う。		達成度
5	文化・人権施策の庁内体制の確立 庁内の文化・人権関係の整理統合及び文化振興事業団の委託の検討	1　人権に関する事業を調査し、一元化による明確化を検討する。 2　文化関連事業を整理統合するため関係課と協議しその方法等を検討する。 3　文化振興計画策定のための資料収集し方策を研究する。 4　文化振興事業団の活性化に対し支援するとともに、事業委託方式や収益金の使途について研究する。		達成度

※他の部課との連携のあり方・平成14年度組織目標との関係
1　子どもの権利や男女共同参画の推進のため、関連部課連絡会議や庁内推進調整会議を開催し連携を図るようにしていく。
2　人権関連及び文化関連事業見直しのため、生涯学習課と共同して進め方等協議しながら行う。

5　実行計画に掲載されない事務事業は予算化されない

その下の段の「マニフェスト」という欄も今年から設けました。これは私が今年の市長選の際に公表した「マニフェスト」を行政の中でどう管理していこうかと考えた結果、「マニフェスト」に位置づけられた施策がどういう状態なのか、どこまで進められるか、どういうふうに行い、どこまで達成できたかを報告するようになっています。

その裏面にそれ以外に自分たちが抱えている問題があればそれを書くとか、「政策形成ヒアリング」のときにその課に示された問題点をどういうふうにクリアしていこうとしているのかというようなことも、実際には書かれています。こういう構成の調査票が市長ヒアリングに使われるようになっています。

こういう形で「実行計画」を管理していますので、多治見市では、一連の作業を通して、首長と計画との関わり方もルール化されているということです。

今まで申しましたように「基本構想」「基本計画」があって、基本計画の中に「実施計画」と「展望計画」がある。その「実施計画」を具体的に施策化するための「実行計画」があるという形です。そして、「実行計画」に載せないものは予算が付きませんという形で「計画行政」を進めるシステムがようやくここへきて完成をしたといえます。

Ⅲ　マニフェストについて

1　総合計画がマニフェストであるための条件

総合計画が首長の任期とリンクされて見直される

次ページの図Ⅱを見ていただきたいのですが、今の「5次総」は2001年にスタートしました。そして来年2005年に見直しをします。計画は前後期5年毎の計画になっていますが、最後の1年は切ってしまい、その年度の分は実施しないことで、実際には4年で見直すことにしてあります。

なぜこうしたかと言いますと、それは首長の任期と密接な関係があります。首長の選挙が今年

図Ⅱ　実施計画の見直し

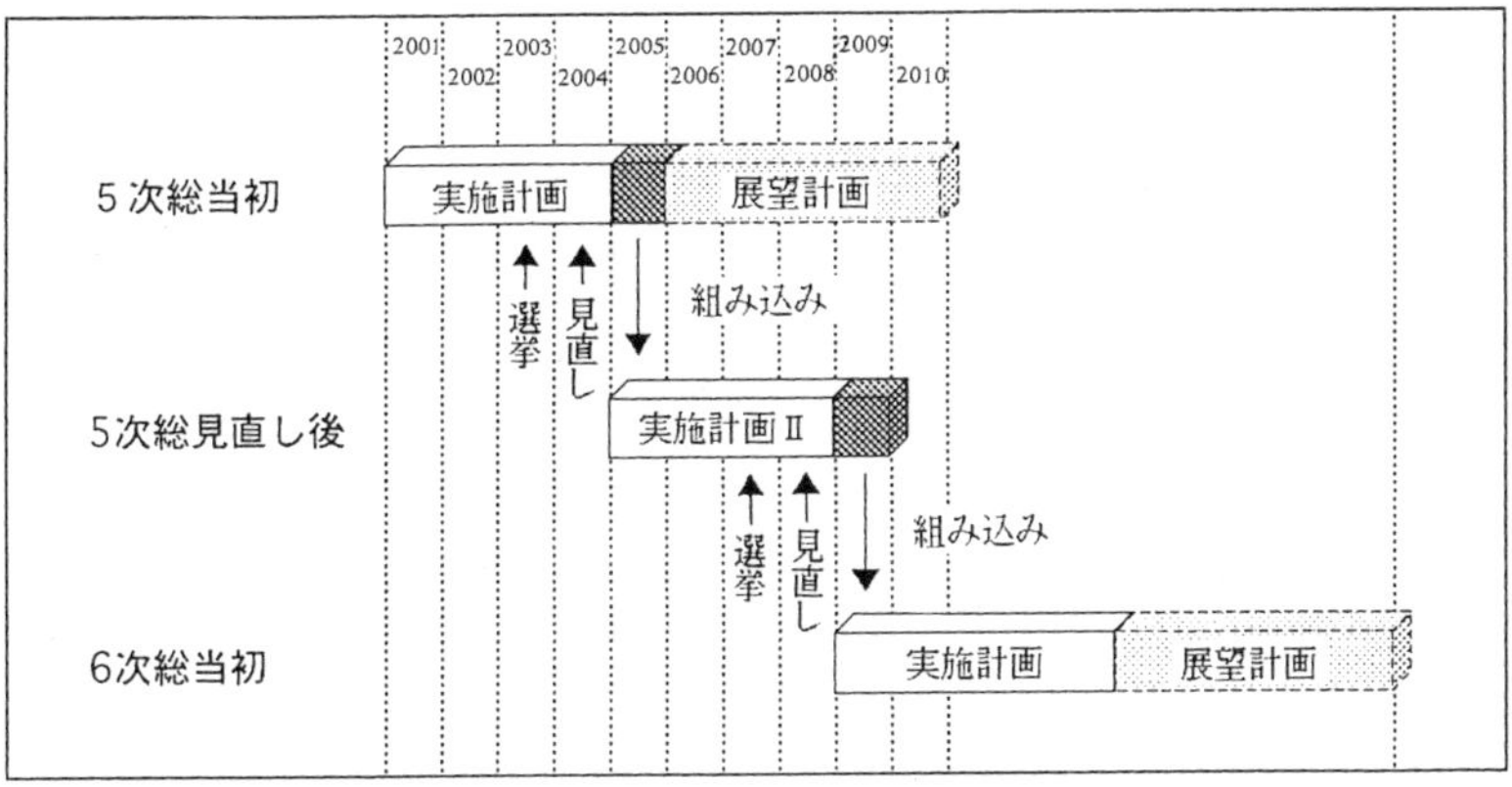

２００３年にありましたから、この次は２００７年です。この任期ときちんとリンクするように作ってあります。ですから２００１年の５次総策定のときはその前の１９９９年に市長選挙があったその時の私の公約、当時は「マニフェスト」という言葉はもちろん使っていませんが、もともと私はスローガンや抽象的な政策ではなく、いわば政策集ともいうべき具体的な政策を掲げ、実施、実現可能な公約を出していましたので、その公約を受けて「５次総」を作ったわけです。

　私は、今回の選挙で「マニフェスト」を出したわけですが、それを受けて２００５年までに５次総の見直しをする。こういうふうに総合計画を管理するようになっています。ちょうど首長の任期の中間で総合計画を策定したり、見直しをするように計画期間が設定してあります。今まだ作業を始めていませんが、近いうちに後期計画の部分を見直すことにしています。

多くの場合計画期間は10年で作ってあり、その中間で見直しますので、5年毎に見直すことになりますが、そうすると首長の任期4年と計画期間5年ということになり、ズレが生じて、結局バラバラになってしまいます。バラバラになって、例えば、私が市長になったときに前の市長が作ったばかりの総合計画をどうするのか、逆に私が辞めるときに作ったものを次の市長が実行しなければならないといったことになります。こういうことを避けるために4年毎で見直しをするというように計画の時期も、見直しの時期あるいは策定の時期も首長の任期と合わせるように作ったのです。

総合計画の実行可能性が保障される

計画期間を10年、中間の見直しということで5年毎の改訂作業をしていることについて疑問を持たないのは、ひょっとすると首長も職員も総合計画を信用していないからなのではないかと思います。「どうせ計画は計画、総合計画は飾りだ」といったようにです。これでは「総合計画」

を本当に実行するつもりがあるのかどうかということが疑われてしまいます。

それでは「総合計画」はなぜ実行されないのでしょうか。「総合計画」を行政の中心に置いてない自治体というのは非常に多くて、「総合計画」を作っても作らなくても、いつ変えようとほとんど行政には影響がない、それでいいのだという発想がどこかにあって、こういうことがまかり通っているのだろうと思います。

本当に行政が総合計画に基づいて行政運営を行っていくのであれば、いま言いましたように、首長の任期と合わせておかないとおかしなことになってしまいます。

私たちが意図したのは総合計画に基づく「計画行政」を行うためにも、計画を実行可能な施策体系にしなければいけないということです。ですから「総合計画」を作る際には、夢物語あるいは絵空事のようなことは一切書かないと決めたのです。

実行計画が公表される

また、私たちが心掛けたいと思ったことは「総合計画」を市役所内部の計画ではなく、多治見市の計画にしたいということでした。行政が一方的に作って、実施するという役所内部の計画としてではなく、市民と共有していく計画にしたかったのです。そのためには計画策定の最初の段階から「市民参加」が必要不可欠なことだと考えたのです。

計画づくりは徹底した「市民参加」を行いながらいこうということです。このことはもちろん「職員参加」でもあり「議員参加」でもある。この3つの「参加」を満たすような計画づくりをしていくということを決めたのです。

市民のみなさんには市民としての「総合計画」を作ってもらおうではないかということで、市民による「計画策定市民委員会」を作った。これにはいろんな市民や学識経験者に参加してもらいました。計画策定の過程ではいつも策定委員会と職員のプロジェクトチームの共同作業という形をとりながら、素案・原案をつくっていきました。また、いろいろな団体の代表や公募市民などから構成された「総合計画策定懇話会」をつくり、素案・原案を元に総合計画を構成する5つの視点ごとに分科会を作って、議論してもらいました。そのあと各小学校区で地区懇談会を開いて総合計画について話をするということで、何回もフィードバックさせながら、各段階で「総合計画」への市民参加を行うというやり方をしてきました。

職員参加は担当職員としての参加とその枠を越えた参加という2通りの参加の形式がありますが、その両方を採用し、それぞれいろいろな部会、分科会に参加する機会をつくって、公募して参加してもらう。それから議員にも一つ一つの区切りのところでは必ず報告をして議論をしてもらって、それをこちらで受け止めて、変えなくてはいけないところは変えるということをやりました。

こうしたことを実行していくためには、前の第4次総合計画の総括として、まず課題を抽出しなければいけない、新しい課題も検討しなければならない、それらをひとつにまとめた冊子「討議課題集」を作って、まず、それを皆さんに読んでもらう。そこから議論をすることから、市民参加を始めたわけです。

市政の現状や課題についての情報を共有しないで、例えば策定委員会でいきなり「総合計画」を作ろうといっても考えようがありません。情報がなければどうしても市政全体を考える方向ではなく、自分の直接関わっていることや関心のあること、利害に関わるところへ議論がいってしまって、なかなか全体へ広がっていかない。ですから、今多治見市が抱えている課題を、まず情報として出すことから始めたわけです。それで「市民参加」や「情報公開・情報提供」をしながら、しかも実行可能性をきちんと確保しながら「総合計画」を作ろうということを、お互いに確認しあって作業をしてきました。

このようにして作った計画ですので、本当に行政の最上位の計画としての「総合計画」であるとキチンと位遣付けて、しかもその通りに「実行計画」として日常的に計画行政をコントロールし、進行管理をしていくというシステムができあがったのです。

このシステムによって、まもなく、後期計画の見直し作業にとりかかります。

2　マニフェストをどうつくるか

総合計画を見直す視点の提起と政策提案

次にお話したいのは私が市長選挙の際に公表した「政策実行計画」と名付けたマニフェストについてです。

「具体的な事業」、「4年間の目標」、「4年間の費用」などでこの「マニフェスト」は構成されています。現在の総合計画をベースにし、新しい視点を導入する必要性と政策・施策で私が特に強調しなければいけない重要な課題を中に書き込むことで作ったものです。

ここで私たちが考えておかなければならない重要なことは、現職の首長にとっては実は「総合計画」自身が本来「マニフェスト」でなければならない。もし「総合計画」から掛け離れたようなことを私が言い出したとすれば、おかしなことになってしまいます。私は現職の市長ですから、総合計画をつくった当事者です。その私が総合計画から掛け離れたことを公約として出すというのは自己否定以外のなにものでもないということになってしまいます。本来、行政全体が総合計画を実施するということで成り立たせているはずですが、それから全く外れたところで、なんか選挙受けをする、有権者に受けるような施策を「総合計画」から掛け離れた政策、公約として出すこと自体がおかしい話であって、もし本当にその政策をやらなければならないのであれば、最初から「総合計画」の中に組み込まれてなければいけないはずです。ですから、現職の「マニフェスト」というのは本来「総合計画」そのものと思っています。

ただ、人口が減少していくというようなことは、この計画を策定するとき読み込んでいませんでした。このように新たに生じてきた問題やそれに伴って起きてくるいろいろな課題を、新しいテーマとして取り込まざるをえない場合があるわけですから、自治体の状況を的確に把握し、それを克服していく新たな視点を提示する必要性と、これだけは絶対にやりますという意味で、「5次総」の確認作業としての「マニフェスト」は必要だと思っています。

先ほどいいましたが、「マニフェスト」も行政が管理する体制もできました。次のステップとして、マニフェストによる新しい取組みをしたいと思ったときに、「計画の見直し」の中でそれをどのように取り込むかというシステムづくりということになります。

例えば「スローライフ運動を行う」ということを掲げていますが、これは生活の質を高めるということとの関わりもあって新しく問題提起をしています。また、「合併については、ちゃんと住民投票を行う」ということを「マニフェスト」の中に入れてあります。そういうことはありますが、基本的に公共施設を作ったり、あるいは施策の実行というのはあくまでも、総合計画の中に位置付けされた重要施策の確認という意味で、このマニフェストの中に書き込んであります。したがって、それに対する財源についてもきちんと位置付けがなされていると思っています。

今回、マニフェストづくりはとてもうまくいったと思っています。それは「5次総」を作っていた時期に私たちが考えていた以上にはるかに速いスピードで状況が変わっている、そのために新しい視点を導入して考えなければならないということがあり、その視点をまず提示し、そこから行政を見直すという問題意識を持てたからです。

3　市長選に提案したマニフェストの内容

「持続可能な地域社会づくり」という視点

①財政危機の到来　―事務事業のスクラップ&スクラップ

私が今回の選挙で何を言い続けていたかといいますと、行政がこのまま行けば、おそらく10年、15年後には事務事業が半分あるいは3分の1くらいしかできなくなるだろうということです。要するに、財政的にピンチになって、スクラップ　&ビルドではなくスクラップ&スクラッで、どれをスクラップするかという判断が最重要課題になるということです。だからといって、市民ニーズがなくなるわけではありませんので、それを市民の皆さんや地域の事業所だとかいろんなところで担ってもらわなければいけない時代がやってくる。その時代に備えて今から頑張りましょう、というのが私の選挙での一貫した主張でした。

住民投票条例を作りますというようなことは言いましたが、あれもやる、これもやるから私を当選させてくれということは言わないで選挙をやりました。終始小さなミニ集会も含めて、「仕事を減らす」、「仕事を減らす」ということばかり言って選挙をやってきました。こんな選挙は私ももちろん初めてです。また、そういう選挙をやって当選できるというのも、そのことが市民の皆さんの中にも明らかになってきつつあるということだと思います。

ともかく、来年1年かけて見直す後期計画は、おそらく、どこまで事業を減らすかという計画にしなければいけない。あるいは、今すでに「実行計画」に載っている政策施策であってもどれを切るか、どれを止めるかを検討しなければいけない、そういう計画になるだろうと予感をし、予測しています。状況はそれくらい厳しくなっています。

最近、財政課が今の制度が続くことを前提として、これから2025年までの財政推計をしました。それによりますと、2025年までに事業費で30％減らさなければ、ちょうど累計で多

図Ⅲ

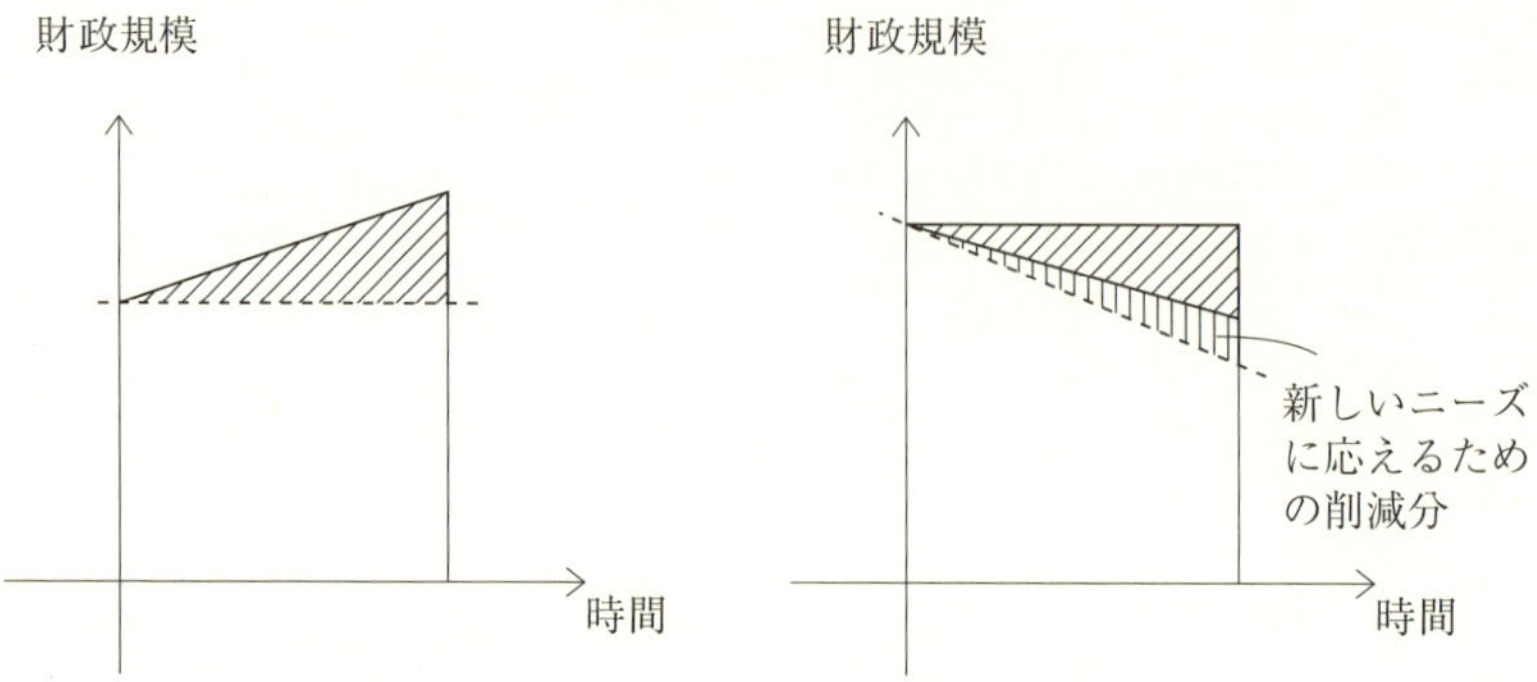

右肩上がりの時代　　右肩下がりの時代

治見市の予算1年分くらい赤字が出ると予測しています。これは今の制度が続いての話です。

事業費で３０％減らそうとしますと、おそらく事務事業の数で言えば５０～６０％切らないと、３０％減らすなどということはできないだろうと思います。

私が選挙のときに予測して話していたことと同じような結果が出てきました。そういう時代に、多治見市がさしかかっていると思います。そして、それはおそらくどこの自治体も同じであろうと思っています。

選挙が終わってから、今の状況を職員に理解してもらった上で、これからの行政に立ち向かわなければならないと考えて、全職員を対象に研修の形で話をしました。その時に描いた図（図Ⅲ）で説明しますと、経済が右肩上がりのときは、財政規模もドンドン大きくなっていく、そうすると、資金が増えたということですから、斜線を引いた三角形の部分だけは新しい市民ニーズに応えて事業を増やすことができた、あるいは機構を大きくし、職員を増やすこともできた。これは極めて単純な話なのですが、これまで我々が想定していた右肩上がりの時代でもあります。

ところが、実際にはこれから右肩下がりになって、財政規模がドンドン縮んでいってしまうだろうと予測されるわけです。ただこれは、単純に財政規模が縮んだ分だけ減らせばいいというわけではなくて、新しいニーズが出てきたときに、それに応える必要がありますから、実際には、事業をさらに減らさなければいけないということになります。

企業であれば、右肩上がりの時に膨れた分を減った収益に見合ったようにこれだけ切ってしまいましょう、リストラしましょうと言えばいいわけですが、行政はそういうわけにはいかないのです。問題は一つ一つの事務事業に利害関係者がいっぱいいるわけです。ですから、減らす必要のある分を確実に減らせるかどうかというのは、ある意味でいうと首長の政治的な判断にかかってくるのです。どんな小さな事業にも利害関係者がいるわけです。有無を言わせずに切ってしまう首長がいるのかもしれないし、そうでない首長もいる。施策選択（スクラップ）をするために、政治的な決断が求められる時代になってきた。職員の側から言えば、事務事業を減らす、無くすことについての「説明責任」が問われることになるわけです。そういう非常にしんどい時代を迎えているということを職員に話したわけです。

私たちは、今までこういう時代を経験していませんので、職員たちが「説明責任」を果たしていけるかどうか心配ではあります。もちろんこれは政治家としての私の責任でもあるわけですが、そういうことが問われていく時代がやってきました。

そのためにも、今度の計画の見直しは多分、スクラップ&スクラップの計画を作らなければいけないわけですが、このような状況に合う新たな計画などを作ることができるかがとりあえず一番大きなテーマになってきます。

今述べてきたような時代に見合った計画を作り、それをまた、キチッと見直しながら事業を減らしていく、そして減らした分を、例えば市民の皆さんに、あるいはコミュニティビジネスのようなものを作ってそこで担ってもらうといったことをしていかなければならないと思っています。

例えば、学校給食については、多治見市は「センター方式」から「単独校方式」に切り替えていこうと言っています。昔、学校給食が始まったときには、近所のおばさんが来て調理員をやっていました。あれをまた復活させようというのが私の考えで、正規職員は施設長一人でいいと思っています。あとは地域でＮＰＯを作っていただいても、コミュニティビジネスで会社を作ってもらってもいいですが、そこに仕事をお願いしようと思っています。給食センターを一括して民間に委託するのは、それを受ける会社がなかなかないという問題もあって難しいのですが、数人で管理できるような調理場であれば大丈夫だと思っています。これからは、そういう形で進んでいく時代がやってきます。

②人口減少と高齢化

もう一つ選挙のときに何を言ったかといいますと、何かいま急に流行り言葉になってきた感がありますが、「持続可能な地域社会づくり」をするということです。なぜこういうことを言ったかというと、一つは日本全体も減り始めますが、多治見という地域内でも人口が減少するということがはっきりしてきたからです。多治見市は、名古屋市のベッドタウンです。しかも15年ぐらいの間に開発が非常に大きく進んだので、人口構成に偏りがあります。とくに、「団塊の世代」が非常に多く、サラリーマンの多いまちなので、人口構成の偏りによって一時にポーンとリタイアする人達を増やしてしまう。しかも多治見はきれいな盆地になっていて、お盆の底の部分に旧市街地があって、新しい市街地は丘の上に住宅団地として点在している。一つ一つの団地が小さく、大きな団地でも2000戸くらいです。その大きい方の団地でも、商店がうまく機能しないとか、潰れてしまうとかしている。ましてやその他の小さな団地は店舗もなければ公共施設も何もない。非常に急な坂を下りた旧市街地までいかないと公共交通機関もないというまちの構造なのです。こういう住宅団地で一斉に高齢化が始まるという特殊要因もあります。

一方で、バブル経済が崩壊してから地価が下がり出して、今も下がり続けています。名古屋都市圏の開発は、今はもう15キロ圏ぐらいに縮んでしまっています。多治見市はちょうど30キロ圏の端にあるので、開発はこの数年パッタリ止まって、人口も完全に横ばいになってきています。まだ減り始めてはいませんが、少なくとも横ばいになってしまっています。これからは開発が進んで人口が増えるなどということは考えられない。そのため、人口が減少し始めると共に高齢化が急速に進む。しかもリタイアする人が急激に増えますので、当然市民税が減り始める。それから地価が下がっていますし、新築の家屋も減っているので固定資産税も減少し始める。そういうことが明らかになってきたわけです。

日本全体でいうと2006年、多治見市では2010年をピークに人口が減り始めるということです。人口推計や高齢者に対する需要予測調査を2001年、2002年度に多治見市が独自に研究機関と組んで行いました。そうしますと人口が大体2025年までに5千人ぐらい減るだろうということが分かってきました。高齢者は、今の1万5千人が2万8千人になって1万3千人増える。生産人口はちょうど1万減る。そのように人口が推移していくことが調査で分かりました。

人口推計を各市町村でやってみるとおもしろいと思います。人口が減る、減るというのは日本全体の話だと思って聞いていると切実感がありません。岐阜県でも過疎の問題として人口が減っているところはいっぱいありますが、それだけではなくて、都市部でもこういう現象として人口が本当に減っていってしまうということをポンと言われると非常に切実なものになってきて、なんとかしなくてはという気になります。こうした調査は自分のまちでやってみてとてもいい勉強になりました。いろんなことを考えるきっかけになっています。多治見市でやった結果でそういうふうになる。しかし、多分これでも、この人口推計は甘いと思います。もっと減るだろうと私は思っています。

人口が減少するということは当然高齢化を伴う。そういう中で、もちろん国・地方ともに財政が、もう破綻状態であるということが問題で、その時にどうやって仕事を減らすかを考えなくてはいけない。しかも市民ニーズは多分減らないだろうし、それを仕事として誰かがやらなければいけない。行政は担えないけれども誰かがやらなければいけないという問題が出てきます。

新たな政策を含む政策体系の提起

こうした未経験の課題に対しては、新たな政策を含む政策体系の提起が必要になります。新たな政策のキーワードは、「持続可能な地域社会づくり」。要するに、元気を失わないで地域ががんばっていくためには何をしなければいけないかということ、そのために私が提起したことは2つあって、ひとつは「安心と誇りが持てる地域づくり」、もうひとつは「しごとづくり」です。

多治見市というまちに住んでいて安心、安全であり、また自分がこのまちに住んでいるということに誇りが持てるようなまちにすることによって、市民が定住・定着しようと思うまちをつくることが必要だということです。

もうひとつ「しごとづくり」というのをわざわざ平仮名で書いたのは、ただ単に産業だとか雇用の問題としての仕事ということもありますが、市民ひとりひとり、特にリタイアした人たちが、もっともっと社会的な活動ができる環境をつくるとか、女性が働きやすい仕組み、社会参加できるような仕組みを作るという意味、あるいは行政がやっている仕事を行政から切り離して市民に担っていただくというようなことも含めて、仕事を作って皆でやっていく方法を考えなくてはいけないという意味を込めています。

これを一つの大きなテーマとして行政運営をしたいと思い、今回の選挙にあたって「持続可能な地域社会づくり」という視点でこれから行政をやっていきたいということを訴えたわけです。当然、もう既に「持続可能な地域づくり」のためのプロジェクトを市役所の中に立ちあげましたし、学識経験者との研究会も開始しました。

マニフェストと「総合計画」との関係に戻りますが、この2003年の選挙で提起した「持続可能な地域社会づくり」という視点を入れて、今度の「基本計画」、「基本構想」の見直しをしようと思っています。人口が減少するということが実は、この「5次総」の中では読み込めなかったのです。そのことは問題意識として私にもなかったし担当者たちにもなかった。したがって「5次総」はまだ人口が増えるという計画になっています。これは全面的に見直さなければいけないという問題であって、この視点で「5次総」をもう一度読み替えようという大きなテーマを今、提起したところです。

行政改革に基づく行財政改革の提案

一方、このような厳しい状況を打開していくためには行政改革が必要であるということは言うまでもありません。多治見市ではこれまでも「行政改革大綱」に基づいて行政改革を進めてきました。更なる行革については「マニフェスト」の中にもしっかり位置づけて、取り組んでいくことにしています。今までお話してきたように、これからは過去の行政のあり方を根本から見直し、変えていかなければ続かないからです。

現在の大綱は第4次ですが、これを策定する際に、私は「事務事業の仕分けをする」という課題を職員に指示しました。本当に行政にしかやれない事業、当面は受け手がないとか現状では行政がやらざるを得ないだろうという事業、それからもともと行政がやらなくてもいいのに行政がやっている事業と3つに分けて考えていこうと指示しました。残念ながら、これは時間切れで間に合わなかったのですが、早い時期に行う予定です。これからは全国の自治体で「事務事業の仕分け」というようなことをやらなければいけないだろうと思っています。

国、県、市町村との役割分担という観点から、実験的に、すでに都道府県段階では8県ぐらいが仕分け作業をしています。多治見市もたまたま岐阜県から声がかかって、その仕分け作業をしようと考えています。これはＮＰＯや他都市の職員や市民の手で、国や県と市との役割の仕分けをしようということなのですが、一度自分たちが行っている仕事の仕分けを行ってみようと思っています。ただ、今回行おうと考えている仕分け作業は一定の条件の下で行うもので、今後の行革や事務事業の見直しの参考にはなりますが、直ちに多治見市でその通り整理できるということではありません。本当にやろうと思えば、市独自でもう一度仕分けを行う必要があります。

行政が本当に取り組まなければいけない仕事なのかどうかというようなことを、もう一度キチッと確認する作業をしないと、おそらく総合計画の見直し自体がなかなかできないだろうというふうにも思っています。

前にも述べたように一つ一つの事務事業に対してどうしても利害関係者がいる、利害関係を持つ人は必ずいるということで、仕分けをしたからといって全部スクラップできるとかいう問題ではないと思っていますが、少なくともそういう作業をこれからしないと行政はもう持たない、破綻してしまうと私は思っています。そういう意味でこれからの行政改革は部分的に何かを変えていくような話ではなくて、ドラスティックに止めることは止めるという「行革」をやらないと自治体は存続し得ないとまで思っています。

そういうふうに「行革」の仕事も「マニフェスト」に掲げ、「総合計画」とリンクさせて見直しをしていくというスケジュールで臨んでいきたいなと思っています。

5　マニフェストは現職に有利か

よく「マニフェストは現職だからできる」ということが言われますが、多治見市の場合、「実行計画」は全部市のホームページにいつでもだれでも見えるように公表しています。紙ベースでもシートを綴じたものがいつでも見えるように市民に「情報公開」され、「情報提供」できるようになっています。ですから、例えば新人候補が「マニフェスト」を作るとすれば、自分の視点をまず提起して、なぜ現職の市長がやってきた政策がおかしいのか、あるいはこういう事業はもうやめるとか、新たにこういう事業を始めるというのは、一つ一つのシートをチェックして外したり、新しいものを入れたりという作業をすれば「マニフェスト」が作れるようになっているわけです。

ですから、実行計画を見れば、どの候補者でも「マニフェスト」の作成は可能であると思っています。ただ、例外的に、極めて政治的な課題があるような場合、例えば合併の問題で、合併の是か否かが問われるような市長選挙があった場合に、それをどうするかというような争点の選挙はあるでしょうが、通常の市政運営を巡る問題を争う選挙であれば、当然のことながら、それぞれの「実行計画」のひとつひとつの施策項目をちゃんとチェックしていただければ「不必要な施策はやめる」、「自分の考え方からいってこの施策はやらない」というようなことを説明を付けて変えることは可能になっています。

もともと、現職のつくった「基本構想」が間違っているというのだったら、そういう視点を提起すればいいわけですので、そういう意味で現職だから有利だとか不利だとかということではありません。

「マニフェスト」の登場は選挙のあり方を変えていく可能性を示したと思います。今まで、一般に有権者が投票する際に、候補者の政策を判断して、投票する、しないを決めると言ってきたのですが、実は候補者の政策が総体としてどういうものであるかを知ることは難しいのが現状です。また、極めて思いつきのような、あるいは有権者受けするような施策をいくらでも羅列できる、財政的な裏付けもなければ今の状況の中で可能であるかどうかも全く判断できないような政策・施策を並べてでも、これまでの選挙は戦えたわけです。しかし、「マニフェスト」が出てきて、やはりキチッと、どこがどう違うのかという争点をお互いが提起しあって、それを有権者が判断する。「マニフェスト」はそういう意味で、大きな役割を果たすことができようになるのではないかと思っています。

公約は絵空事で、総合計画は役人の作文？

問題は、何遍でも繰り返して言いたいのですが、「総合計画」が実現可能の計画であり、進行管理されてもいないのに「マニフェスト」を作っても、これは、今までのただの公約と何等変わりがないわけです。この公約は、ある施策をいつまでにどのくらいの予算を使って行うということが明らかになるかもしれませんが、実際にそれが実現できることなのかどうかもわかりません。どのように役所の中で、「マニフェスト」が機能するのかも市民に分からないわけですし、もうちょっと賢い役人であれば、マニフェストを掲げて新しく当選した首長の政策を逆に役人の方が、マニフェスト総体については認めないで個々の政策だけつまみ食いして首長をなだめるというようなことさえ起きてくるだろうと思います。

そう考えると「総合計画」の中で「マニフェスト」がどう扱われるのか。どうなっていくのか。

あるいはそれ自体もどう管理されて次の任期が終わるまでにどうなったのかということを検証できるような形でルール化することが必要だろうと思っています。多治見市のシステムを示すことで私たちは独自になんとかここまでたどり着いたわけです。

また、総合計画は役人の作文だから、政治家である候補者のマニフェストこそ重要だといった考え方の人もいます。しかし、これまで述べてきたように「現職のマニフェストは総合計画である」ということからいえば、それは奇妙なことです。首長自身が総合計画策定や進行管理に信頼を置いていない、総合計画そのものは本当の意味の最上位の計画とは思っていない、お飾りのようなものと思っているとしか考えられません。総合計画がその程度のものとしてしか扱われていないのではと考えざるを得ません。総合計画がその有効性を持たないのは、もともと飾りとしての役割以外のなにものでもないと告白しているようなものです。多治見市のようなシステムとして総合計画を位置づけた自治体が皆無に等しいという現状があるのも事実であり、多治見市の総合計画に対する考え方が、これからの自治体政策の実行システム、とりわけ首長の「公約」を政策として実施していく手法としてひとつの問題提起になれば、今日の私の話は皆さんにいくらかでも示唆するところがあるのではないかと思います。

ご静聴ありがとうございました。

あとがきにかえて

昨年11月、この講演記録となった、札幌の土曜講座で多治見市の総合計画について講演する機会を得ました。その際、北大の神原教授から「30年前の武蔵野市の計画をいまだに総合計画のお手本として話さなければならなかったけれども、ようやく多治見市の計画が武蔵野を超えた」との評価をいただきました。2003年の自治体学会のトークセッションの議題にもなったように、総合計画の実効性について疑問が出されている現状にあって、多治見市が提起した総合計画とその進行管理のあり方、予算編成と計画のリンク、市長の任期と総合計画の期間を明確に定めたといった取組みが評価されたのだと考えています。

すでに、「総合計画とマニフェスト」の関係については雑誌（地方自治職員研修2003年10月号）に書かせていただいていますので、詳しくは拙稿を参照していただくこととして、現在、多治見市において進めている「第5次総合計画」後期計画の見直し作業について述べることで、あとがきにかえたいと思います。

総合計画不要論、総合計画の機能を疑問視する議論が多い中で、多治見市の取組みから「今こそ総合計画」と主張したいのです。この1月から始めている総合計画の見直し作業のキックオフミーティングで、財政をコントロールするものとしての総合計画、行財政計画としての総合計画という点を強調しました。

そのためには、次のような条件が満たされていなければなりません。計画立案にあたる職員、市民の間で財政（財源）に関する情報が共有されていること、予算と総合計画、実行計画が明確にリンクされていること、総合計画が絵空事でなく、実現可能性を保障したものであることなどがあげられます。こうした条件の下で、これからの計画作りは行われなければなりません。

財政が急速に悪化しているこの時期に、総合計画そのものがこれまでの「右肩上がり」の拡大型の計画から、何をスクラップするかという縮小型の計画へ、建設から維持修繕の調整計画の時代に入ったことを確認できるか、行政の役割を明確にした上でこれまで行政が抱え込んで提供してきた市民サービスをこれから誰が担うのかという議論にまで踏み込んだ計画にできるかどうかが、今問われているのです。

また、事務事業、施策のスクラップは総合計画に基づいて管理することによって初めて可能になること（野放図な行政運営は許されない）、財政推計に基づき計画期間の事業量を定めて計画を作ること、総合計画の進行管理のシステムを計画内に明記することなどを指示しました。

一方、「事務事業の仕分け作業」もすでに完了し、この作業の結果も大いに参考にできる条件が整っています。

２００４年度予算編成に当たり、ボウルの水が溢れるように事業が零れ落ちていくという印象を受けたのは私だけではないと思います。そのボウルが年々小さくなる中で予算編成を強いられるのが今日の自治体財政です。だからこそ「総合計画によるコントロールなくして行政運営なし」という感を一層強くしています。

おそらく財政主導によって予算編成が行われれば財源不足に目を奪われて、自治体の方向を見失うおそれさえもあり、自治体の将来を誤ることにもなりかねないと考えます。縮小の時代であればあるほど、財源を何に投資するかに対する指針を明確にすべきであり、それができるのは本来総合計画のはずです。

それぞれの自治体がこれから困難な時代に突入し、自らのアイデンティティを求めながら、独自の地域社会を作り上げていく作業が不可欠になっています。流動化しつつある市民はそのライフステージに合わせて、自治体を選択する時代へと変わります。また、政策の選択を市民が自らすることになります。都市人口の問題は自治体間競争の結果として現れてきます。これは、都市型社会の出現と分権時代の到来を市民行動から実感される時代になったことを意味しています。自治体からみれば、その「持続可能性」を問われる時代がやってきたというべきです。

いわずもがなですが、地方分権の時代は自治体側の「覚悟」なしにはやってきません。言葉として「自己決定、自己責任」ということは容易です。しかし、これまでの地方自治体のあり方を克服していくためには修練が必要です。たとえば、政策形成の過程で、これまでの枠組みを変える、たとえば構造改革特区の提案を考え出す、法定外目的税を考えるなどを通して、わが行政の姿を見つめなおすとともに自分たちも現実に「変えることができる」という経験を持つことが必要になるのではないかと思います。そして、もうひとつ市民の側に身を置いて物事を考える、市民感覚で行政を見直すために「市民参加」を通して学ぶ必要があります。

2003年の市長選挙において、私は総計とマニフェストを関連させ、政治と行政との関係性を明確に示すことができたと自負しています。選挙自体をこうしたひとつの過程として捉え、それぞれの候補者が総合計画をめぐって「マニフェスト」を提起することで、市民の政策選択は明確な姿をとると考えます。あいまいなスローガン、総合計画を無視した政策の羅列（財政的な裏づけのない）などが選挙の常識と化していた状況を変えることができます。（改めて強調したいのは多治見市では首長の恣意的な政策選択を許さないという仕組みも総合計画の進行管理に組み込まれています。）マニフェストに基づいて総合計画を見直し、その総合計画は現職候補者のマニフェストとなる、対立候補者は現職とは異なる視点から、政策体系をマニフェストとして作る、こうしたサイクルによって選挙が戦われる、これを実現しようと考え、実行できたと思っています。今後、この動きが全国の自治体に広がっていくことを願っています。

（本稿は二〇〇三年十一月八日、北海学園大学三号館四一番教室で開催された地方自治土曜講座の講義記録に補筆したものです。）

著者紹介

西寺　雅也（にしでら・まさや）

岐阜県多治見市長

一九四四年大阪市生まれ。

一九六八年名古屋大学理学部数学科卒業。学習塾経営（理解して学ぶ、学ぶことの楽しさを基本に）。

一九七一年二七歳で市議会議員初当選。一九七九年～市議会議員連続4期。一九九五年議員在職中多治見市監査委員、総務常任委員会委員長等を歴任。一九九五年生活から考える市政、市民本位の市政をめざし「多治見を変える」を訴え、多治見市長当選。現在3期目。

現在、全国市長会分権型教育に関する研究会委員、電子自治体推進専門部会委員、構造改革特区に関する研究会委員、都市政策研究特別委員会委員。文部科学省教育制度分科会大学入学資格検定部会委員。

刊行のことば

「時代の転換期には学習熱が大いに高まる」といわれています。今から百年前、自由民権運動の時代、福島県の石陽館など全国各地にいわゆる学習結社がつくられ、国会開設運動へと向かう時代の大きな流れを形成しました。学習を通じて若者が既成のものの考え方やパラダイムを疑い、革新することで時代の転換が進んだのです。

そして今、全国各地の地域、自治体で、心の奥深いところから、何か勉強しなければならない、勉強する必要があるという意識が高まってきています。

北海道の百八十の町村、過疎が非常に進行していく町村の方々が、とかく絶望的になりがちな中で、自分たちの未来を見据えて、自分たちの町をどうつくり上げていくかを学ぼうと、この「地方自治土曜講座」を企画いたしました。

この講座は、当初の予想を大幅に超える三百数十名の自治体職員等が参加するという、学習への熱気の中で開かれています。この企画が自治体職員の心にこだまし、これだけの参加になった。これは、事件ではないか、時代の大きな改革の兆しが現実となりはじめた象徴的な出来事ではないかと思われます。

現在の日本国憲法は、自治体をローカル・ガバメントと規定しています。しかし、この五十年間、明治の時代と同じように行政システムや財政の流れは、中央に権力、権限を集中し、都道府県を通じて地方を支配、指導するという流れが続いておりました。まさに「憲法は変われど、行政の流れ変わらず」でした。しかし、今、時代は大きく転換しつつあります。そして時代転換を支える新しい理論、新しい「政府」概念、従来の中央、地方に替わる新しい政府間関係理論の構築が求められています。

この講座は知識を講師から習得する場ではありません。ものの見方、考え方を自分なりに受け止めてもらう。そして是非、自分自身で地域再生の自治体理論を獲得していただく、そのような機会になれば大変有り難いと思っています。

「地方自治土曜講座」実行委員長
北海道大学法学部教授　森　啓

（一九九五年六月三日「地方自治土曜講座」開講挨拶より）

地方自治土曜講座ブックレットNo. 98
多治見市の総合計画に基づく政策実行
—首長の政策の進め方—

2004年4月30日　初版発行　　定価（本体800円+税）
著　者　西寺　雅也
発行人　武内　英晴
発行所　公人の友社
〒112-0002　東京都文京区小石川5－26－8
TEL 03－3811－5701
FAX 03－3811－5795
Eメール koujin@alpha.ocn.ne.jp
http://www.e-asu.com/koujin/

公人の友社のブックレット一覧

（04.4.20 現在）
表示は本体価格

「地方自治土曜講座」ブックレット

《平成7年度》

No.1
現代自治の条件と課題
神原勝　900円

No.2
自治体の政策研究
森啓　600円

No.3
現代政治と地方分権
山口二郎　［品切れ］

No.4
行政手続と市民参加
畠山武道　［品切れ］

No.5
成熟型社会の地方自治像
間島正秀　500円

No.6
自治体法務とは何か
木佐茂男　［品切れ］

No.7
自治と参加アメリカの事例から
佐藤克廣　［品切れ］

No.8
政策開発の現場から
小林　勝彦・大石和也・川村喜芳
［品切れ］

《平成8年度》

No.9
まちづくり・国づくり
五十嵐広三・西尾六七　500円

No.10
自治体デモクラシーと政策形成
山口二郎　500円

No.11
自治体理論とは何か
森啓　600円

No.12
池田サマーセミナーから
間島正秀・福士明・田口晃　500円

No.13
憲法と地方自治
中村睦男・佐藤克廣　500円

No.14
まちづくりの現場から
斎藤外一・宮嶋望　500円

No.15
環境問題と当事者
畠山武道・相内俊一　［品切れ］

No.16
情報化時代とまちづくり
千葉純・笹谷幸一　［品切れ］

No.17
市民自治の制度開発
神原勝　500円

《平成9年度》

No.18
行政の文化化
森啓　600円

No.19
政策法学と条例
阿倍泰隆　［品切れ］

No.20
政策法務と自治体
岡田行雄　［品切れ］

No.21
分権時代の自治体経営
北良治・佐藤克廣・大久保尚孝
600円

No.22
地方分権推進委員会勧告とこれからの地方自治
西尾勝　500円

No.23
産業廃棄物と法
畠山武道　［品切れ］

No.25
自治体の施策原価と事業別予算
小口進一　600円

No.26
地方分権と地方財政
横山純一　［品切れ］

《平成10年度》

No.27
比較してみる地方自治
田口晃・山口二郎　［品切れ］

No.28
議会改革とまちづくり
森啓　400円

No.29
自治の課題とこれから
逢坂誠二　［品切れ］

No.30
内発的発展による地域産業の振興
保母武彦　600円

No.31
地域の産業をどう育てるか
金井一頼　600円

No.32
金融改革と地方自治体
宮脇淳　600円

No.33
ローカルデモクラシーの統治能力
山口二郎　400円

No.34
政策立案過程への「戦略計画」手法の導入
佐藤克廣　500円

No.35
98サマーセミナーから「変革の時」の自治を考える
神原昭子・磯田憲一・大和田建太郎
600円

No.36
地方自治のシステム改革
辻山幸宣　400円

No.37
分権時代の政策法務
礒崎初仁　600円

No.38
地方分権と法解釈の自治
兼子仁　400円

No.39
市民的自治思想の基礎
今井弘道　500円

No.40
自治基本条例への展望
辻道雅宣　500円

No.41
少子高齢社会と自治体の福祉法務
加藤良重　400円

《平成11年度》

No.42
改革の主体は現場にあり
山田孝夫　900円

No.43
自治と分権の政治学
鳴海正泰　1,100円

No.44
公共政策と住民参加
宮本憲一　1,100円

No.45
農業を基軸としたまちづくり
小林康雄　800円

No.46
これからの北海道農業とまちづくり
篠田久雄　800円

No.47
自治の中に自治を求めて
佐藤　守　1,000円

No.48
介護保険は何を変えるのか
池田省三　1,100円

No.49
介護保険と広域連合
大西幸雄　1,000円

No.50
自治体職員の政策水準
森啓　1,100円

No.51
分権型社会と条例づくり
篠原　一　1,000円

No.52
自治体における政策評価の課題
佐藤克廣　1,000円

No.53
小さな町の議員と自治体
室崎正之　900円

No.55
改正地方自治法とアカウンタビリティ
鈴木庸夫　1,200円

No.56
財政運営と公会計制度
宮脇淳　1,100円

No.57
自治体職員の意識改革を如何にして進めるか
林嘉男　1,000円

《平成12年度》

No.59
環境自治体とISO
畠山武道　700円

No.60
転型期自治体の発想と手法
松下圭一　900円

No.61
分権の可能性
スコットランドと北海道
山口二郎　600円

No.62
機能重視型政策の分析過程と財務情報
宮脇淳　800円

No.63
自治体の広域連携
佐藤克廣　900円

No.64
分権時代における地域経営
見野全　700円

No.65
町村合併は住民自治の区域の変更である。
森啓　800円

No.66
自治体学のすすめ
田村明　900円

No.67
市民・行政・議会のパートナーシップを目指して
松山哲男　700円

No.69
新地方自治法と自治体の自立
井川博　900円

No.70
分権型社会の地方財政
神野直彦　1,000円

No.71
自然と共生した町づくり
宮崎県・綾町
森山喜代香　700円

No.72
情報共有と自治体改革
ニセコ町からの報告
片山健也　1,000円

《平成13年度》

No.73
地域民主主義の活性化と自治体改革
山口二郎　600円

No.74
分権は市民への権限委譲
上原公子　1,000円

No.75
今、なぜ合併か
瀬戸亀男　800円

No.76
市町村合併をめぐる状況分析
小西砂千夫　800円

No.78
ポスト公共事業社会と自治体政策
五十嵐敬喜　800円

No.80
自治体人事政策の改革
森啓　800円

《平成14年度》

No.82
地域通貨と地域自治
西部忠　900円

No.83
北海道経済の戦略と戦術
宮脇淳　800円

No.84
地域おこしを考える視点
矢作弘　700円

No.87
北海道行政基本条例論
神原勝　1,100円

No.90
「協働」の思想と体制
森啓　800円

No.91
協働のまちづくり
三鷹市の様々な取組みから
秋元政三　700円

《平成15年度》

No.92
シビル・ミニマム再考
ベンチマークとマニフェスト
松下圭一　900円

No.93
市町村合併の財政論
高木　健二　800円

No.94
北海道自治のかたち論
神原　勝　[未刊]

No.95
市町村行政改革の方向性
佐藤克廣　800円

No.96
創造都市と日本社会の再生
佐々木雅幸　900円

No.97
地方政治の活性化と地域政策
山口二郎　800円

No.98
多治見市の総合計画に基づく政策実行
西寺雅也　800円

No.99
自治体の政策形成力
森啓　[未刊]

「地方自治ジャーナル」ブックレット

No.1
水戸芸術館の実験
森啓・横須賀徹 1,166円 [品切れ]

No.2
政策課題研究の研修マニュアル
首都圏政策研究・研修研究会
1,359円

No.3
使い捨ての熱帯林
熱帯雨林保護法律家リーグ 971円

No.4
自治体職員世直し志士論
村瀬誠　971円

No.5
行政と企業は文化支援で何ができるか
日本文化行政研究会　1,166円
No.6
まちづくりの主人公は誰だ
浦野秀一・野本孝松・松村徹・田中富雄　1,166円　[品切れ]
No.7
パブリックアート入門
竹田直樹　1,166円
No.8
市民的公共と自治
今井照　1,166円
No.9
ボランティアを始める前に
佐野章二　777円
No.10
自治体職員の能力
自治体職員能力研究会　971円
No.11
パブリックアートは幸せか
山岡義典　1,166円
No.12
市民がになう自治体公務
パートタイム公務員論研究会
1,359円
No.13
行政改革を考える
山梨学院大学行政研究センター
1,166円

No.14
上流文化圏からの挑戦
山梨学院大学行政研究センター
1,166円
No.15
市民自治と直接民主制
高寄昇三　951円
No.16
議会と議員立法
上田章・五十嵐敬喜　1,600円
No.17
分権段階の自治体と政策法務
松下圭一他　1,456円
No.18
地方分権と補助金改革
高寄昇三　1,200円
No.19
分権化時代の広域行政
山梨学院大学行政研究センター
1,200円
No.20
あなたのまちの学級編成と地方分権
田嶋義介　1,200円
No.21
自治体も倒産する
加藤良重　1,000円
No.22
ボランティア活動の進展と自治体の役割
山梨学院大学行政研究センター
1,200円

No.23
新版・2時間で学べる「介護保険」
加藤良重　800円
No.24
男女平等社会の実現と自治体の役割
山梨学院大学行政研究センター
1,200円
No.25
市民がつくる東京の環境・公害条例
市民案をつくる会　1,000円
No.26
東京都の「外形標準課税」はなぜ正当なのか
青木宗明・神田誠司　1,000円
No.27
少子高齢化社会における福祉のあり方
山梨学院大学行政研究センター
1,200円
No.28
財政再建団体
橋本行史　1,000円
No.29
交付税の解体と再編成
高寄昇三　1,000円
No.30
町村議会の活性化
山梨学院大学行政研究センター
1,200円

No.31
地方分権と法定外税
外川伸一　800円
No.32
東京都銀行税判決と課税自主権
高寄昇三　1,000円
No.33
都市型社会と防衛論争
松下圭一　900円
No.34
中心市街地の活性化に向けて
山梨学院大学行政研究センター
1,200円
No.35
自治体企業会計導入の戦略
高寄昇三　1,100円
No.36
行政基本条例の理論と実際
神原勝・佐藤克廣・辻道雅宣
1,100円
No.37
市民文化と自治体文化戦略
松下圭一　800円
No.38
まちづくりの新たな潮流
山梨学院大学行政研究センター
1,200円

TAJIMI CITY ブックレット

No.2
分権段階の総合計画づくり
松下圭一　400円（委託販売）

No.3
これからの行政活動と財政
西尾勝　1,000円

No.4
構造改革時代の手続的公正と
第2次分権改革
手続的公正の心理学から
鈴木庸夫　1,000円

No.5
自治基本条例はなぜ必要か
辻山幸宣　1,000円

No.6
自治のかたち、法務のすがた
政策法務の構造と考え方
天野巡一　1,100円

朝日カルチャーセンター 地方自治講座ブックレット

No.1
自治体経営と政策評価
山本清　1,000円

No.2
ガバメント・ガバナンスと
行政評価システム
星野芳昭　1,000円

No.4
政策法務は地方自治の柱づくり
辻山幸宣　1,000円

No.5
政策法務がゆく
北村喜宣　1,000円

政策・法務基礎シリーズ

［東京都市町村職員研修所編］
（執筆者　加藤良重）

No.1
自治立法の基礎
600円

No.2
政策法務の基礎
［刊行予定］

公人の友社の本

基礎自治体の福祉政策
加藤良重　2,300円

闘う知事が語る！
「三位一体」改革と
マニフェストが日本を変える
自治・分権ジャーナリストの会
1,600円

社会教育の終焉［新版］
松下圭一　2,500円

自治体人件費の解剖
高寄昇三　1,700円

都市は戦争できない
五十嵐敬喜＋立法学ゼミ
1,800円

挑戦する都市　多治見市
多治見市　2,000円

国土開発と自治体法政策
駒谷治克　2,800円

米国都市の行財政
近藤直光　1,800円

新市民時代の文化行政
中川幾郎　1,942円

現代地方自治キーワード186
小山善一郎　2,600円

地方公務員スピーチ実例集
小野昇　2,000円

アートを開く
パブリックアートの新展開
竹田直樹　4,200円

日本の彫刻設置事業
竹田直樹　3,900円

教師が変われば子供が変わる
船越準蔵　1,400円

学校公用文実例百科
学校文書研究会　3,865円